Lucía Emmanuel
Muro con buganvilla
Buenos Aires Poetry, 2024
108 p.; 15.24 x 22.86 cm
ISBN 978-987-8470-78-8
Poesía España

Primera edición

Editorial ©Buenos Aires Poetry
Colección ©Pippa Passes
Diseño editorial ©Camila Evia

BUENOS AIRES POETRY

BUENOS AIRES POETRY
editorial@buenosairespoetry.com
www.editorialbuenosairespoetry.com
www.buenosairespoetry.com

BUENOS
AIRES
POETRY
PIPPA
PASSES
LUCÍA EMMANUEL
Muro con
buganvilla

Lucía Emmanuel

*

Muro con buganvilla

*

A mis hermanas, siempre

Sabe que los senderos
son todos imposibles,
y por eso de noche
va por ellos en calma.

Federico García Lorca

1

Mi primera memoria: el punto más bajo de la casa. El hueco a ras de suelo del armario de los juguetes, donde poso una muñeca desnuda que no dice mamá, que no dice papá.

Allí una maleta, pasadizo a los tiempos en blanco y negro. Una cocina con ropa tendida sobre los fogones, una terraza con otras vistas o borrosos bajo el árbol de alguna navidad. En ese tiempo de luz y sin colores no son quienes yo conozco: aita y ama.

El día con forma de baile, de canción, de beso. El sol devorado como una fruta blanca y la chispa en el filamento de la bombilla. La luz corre a una velocidad extraña.

En los tiempos sin color
se oculta una sombra.

La barba es un nido sin aves
y las gafas, cristales que curvan flores.

En el salón giran pétalos de tul blanco,
la punta del pie, tallo de aguja sobre la madera.

Oculta la sombra tras el ángulo, el encuadre y la luz.
Oculta tras *arabesques* de bailarina.

Él, que sueña con el movimiento, con echar a andar fotogramas, se conforma con poner los ojos en una mano, la mano en un lapicero, el lapicero sobre un papel.

Él, que sueña con el movimiento, pasa las tardes frente a un muro. Su primer muro. Vigila cada ladrillo negro, cada ladrillo blanco.

Robusto, imponente, alto, seguro. Sólido. No se cae.

Puede dejarlo solo y seguir con sus dibujos.
Alzados, plantas y perspectivas.

Puede dejarlo solo, dejarla sola.
Una memoria en blanco y negro
con ladrillos que colorear.

De mayor dejo que el agua corra por mi cuerpo.

2

Michelín y miopía,
ojos marrones atentos a la pantalla,
lengua que deshace aceitunas y cortezas,
dedos llenos de vinagre y sal.

Lo que veo, lo que oigo, lo que como.

Mi padre es mi reflejo recostado en el sofá.

El viaje en caballos negros y dragones blancos.

Me tumbo sin hacer ruido al otro lado del sofá, amoldo mi cuerpo a la forma de los cojines, estiro las piernas en el hueco, duermo la siesta junto a sus pies. Si está de buen humor le hago preguntas. Nunca más de tres o cuatro. Le dejo volver a su periódico, a su libro de ciencia ficción. Me escucho en los silencios de sus respiraciones.

Piezas de madera.
Sotas, caballos y reyes.
Torres y castillos.
Cojines de sofá.

Cuando duerme me levanto sigilosa. Salgo de la salita a oscuras y voy a la punta opuesta de la casa: el despacho de mi padre. Rebusco entre la colección de monedas y minerales, las dagas y cerámicas, la estantería rebosante de libros y los papeles amontonados por el suelo. Encuentro un cuaderno de matemáticas con la cara de una chica dibujada en los márgenes.

Ladrillos negros y blancos, uno al lado del otro.

Mi padre se esconde como sus dientes tras la barba revuelta. Le muestro una foto suya en el instituto, haciendo el pino sobre un potro de gimnasia deportiva. Un cuaderno con la cara de una chica en los márgenes. El diario de la mili. Descubro los dientes de mi padre.

Construye un muro con ladrillos viejos y rotos,
su barba es triste como el cemento.
Busco grietas con las manos,
hendiduras donde asomarme.

Levanta un muro sólido, opaco y sin ventanas.
Pego la espalda a la pared,
despacio le leo libros.

Temblor,
peonza quebrada,
ceniza intramuros,
voz invisible.

Trescientas horas de cine clásico arden en un vertedero.
Huele a Bogart y a Hepburn. A plástico fundido y metal.

Minutos blancos, minutos negros, se deforman por el calor.
Dentro del humo se oye el silencio de voces lejanas.

Me ducho tras el muro derrumbado.

3

Mi primer territorio: el suelo de la cocina. Baldosas blancas y grises bajo mis rodillas y mis manos; descubro la dimensión vertical. Una cuadrícula de rayas grises entre los dedos; alcanzo la línea roja que atraviesa la pared. La sigo con el dedo, la sigo, la sigo. La línea que conduce a los tiempos en color.

Aita y ama hacen disfraces.
Somos una familia belén.
La sábana oculta el rostro de la Virgen María,
cabreada porque José llega tarde.
El espumillón pica en la frente de la niña Jesús.

Ama y aita hacen disfraces.
Somos una familia tribal.
Falda de hojas puntiagudas
y lanzas con plumas en el pelo.

Aita y ama hacen disfraces.
Somos una familia jardín.
La cara y el pelo son flores,
los tallos demasiado juntos en la maceta.

Domingo. Ventanas oscuras. Un círculo de luz naranja sobre mis deberes. El foco sobre los fuegos se empaña con vapores de sopa de ajo.

Interruptores. Invierno. Busco calor en bombillas desnudas. Los tubos fluorescentes no abrigan.

Fuman mucho y casi nunca van al teatro.

Aita arruga la frente como quien cierra un puño, al discutir;
ama se acalora y abre más los ojos.

Vuelan barajas de cartas por el patio
y dátiles de la pasada navidad.

Ama repite frases, todas iguales pero distintas;
aita elige una sola y la asienta en la voz.

Fuman mucho y casi nunca van al teatro.

Ambos rebañan la salsa de los caracoles.

Luz de mañana. Todavía es de noche. Oscuro cristal. Masa negra de aire donde floto. Mi reflejo moja galletas en la leche. Ojos miopes enredados en una miga sobre la mesa. Revolotea en el aire un rumor, un resquicio de sueño. Revolotean mis padres, como polillas.

Me visten de aldeana y me dan un currusco de pan. Tengo los ojos grandes y marrones y un flequillo hasta las cejas. Fríos los pies sobre la baldosa, fría la espalda junto a la pared. El currusco de pan rechupado en la boca, los ojos hacia la cámara. La cuadrícula del suelo y la pared confluyen a lo lejos en la garganta de una cueva. La línea roja se pierde en la tiniebla del salón.

A cero los pasos, atrapados.
Mis calcetines en busca de un yogur, del azúcar, de una cuchara.

A cero las pisadas, fósiles.
Las zapatillas quietas de aita hurgan algo salado en la oscuridad.

A cero las huellas, ocultas.
Las botas de ama camino a la salita a echar la siesta.

A cero la marca, la muesca, el signo.
Baldosa blanca y gris, invisible bajo la tarima.

Me ducho cuando mi aita se muere.

4

Debe ser esa la de la foto. Buganvilla: nombre sin flor para flores sin nombre. Mi madre señala, yo escucho. Desconozco el interior de las flores, qué forma tienen, qué olor. Algunas palabras no se llenan de contenido. Algunos labios no enseñan nombres, sino a nombrar. Alma de buganvilla.

En otro marzo la encuentro, mullida y llena de savia.

Arco, arbusto o enredadera.

Corona fucsia en lo alto de los muros.

Buganvilla.

En otro marzo confundo hojas alegres con pétalos

y descubro dentro de ellas

escondites
de
flores
minúsculas.

En el cuarto propio de mi madre las paredes son de sol y lluvia, y las flores crecen de un día para otro. No vemos sus manos cargar tierra, mover macetas ni quitar hierbajos. Todo es obra del agua y el sol. No pisamos el suelo que, cuando no arde, resbala.

Mi mano de marte,
ancha, sin pose.

Dice que abra la palma y adelante el dedo corazón,
como si sujetase un taco de papel contra el índice.

Se baila con tacos de papel invisibles entre los dedos,
se baila formando cuencos de aire con las manos.

Mi mano de venus
si el corazón se adelanta
y le hace hueco al aire.

Mi madre me enseña a colocar los brazos en arco, el cuello estirado, la barbilla alta. Estirar las piernas, juntar los pies, abrir los empeines cuarenta y cinco grados. Meter el coxis, apretar las nalgas y mirar de frente. Me enseña la postura precisa y fuerte de la flor.

Busco la baldosa en sombra de la terraza, ella colecciona estrellas rojas en la piel. Busco la sombra de la buganvilla, ella acumula grados rosados en el cuerpo. Nos separa una línea de luz, invisible al aroma. La buganvilla huele a mí cuando estoy cerca.

Estampa flores sobre mi cuerpo. Vestidos, pantalones, faldas y diademas. Cose sábanas y cortinas, planta jardines de interior.

Yo, que rehúyo las flores, encuentro un chal grueso de color malva, un jardín de invierno para abrigarme.

Una polilla vuela de sus adentros.

Balanceo el torso,
subo el brazo,
pliego la rodilla.

Ruedo lento
                    y lento me despeino.

Ocupo lo pequeño y lo grande.

Camino.
                    Salto.
                                        Alzo la mirada.

Mi madre pinta mesas con pavos reales y grecas de flores, barniza jarrones con espigas y pega cromos floridos sobre cajas metálicas. Añade una capa de cera para que, al secar, salgan grietas de vasija rota, rendijas en hojas y pétalos, flores craqueladas.

Me ducho tras la buganvilla seca.

5

Aita se encierra en el despacho con sus fractales. Nos cuida a su manera, es cariñoso a su manera, distinta a la nuestra. Se ocupa en planos, distopías o la construcción de una polis grandiosa y remota. Una foto, un cuadro, un dibujo, un fractal. Aita no sabe salir de paseo.

Ama espera hasta el fin de semana. Los ojos de aita descansan en un western, la boca en un cigarro, los dedos en un vaso de vino. La mente en formas de naturaleza fragmentada y números de geometría quimérica: ecuaciones de Mandelbrot. Afuera ruido de sábado, de domingo por la tarde. Adentro, quietud y humo. Ama mira la puerta del despacho. Quiere salir a pasear.

Una estantería blanca y negra en el despacho de la que cuelgan dos fotos grandes: ama jovencísima con gafas de John Lennon; ama con poncho, mirada baja, junto a un dosel de madera.
A aita le gusta su pelo largo y suelto. En la firma de cada carta añade una carita sonriente con piernas y una margarita gigante en la mano. Le gusta su pelo suelto y largo. Le gusta ama, en blanco y negro.

Aita y ama están juntos si hay algo entre los dos: comida a la mesa, vasos de vino, una partida de *scrabble*. Aita es números, colores y formas. Ama es música clásica y baile en el salón. Aita y ama conviven a ambos lados de una puerta. No saben estar a solas.

Foto, pintura, dibujo, fractal. Aita en todas las épocas. En sus fotos, ama en blanco y negro. En los márgenes de sus cuadernos, el rostro repetido de una chica con pelo largo. En el lienzo, una mujer de pelo suelto a los pies de un dragón y dos guerreros con ojos de Picasso que se baten por ella. En el fractal, superficie infinita: la forma dentro de la forma dentro de la forma; hoja de la buganvilla, el sirimiri arrastra el rosa hacia la punta. Aita dedica su amor en el objeto, olvida el cuerpo al otro lado.

Soy igual que aita, igual que ama: la quietud y el movimiento. Aita no sabe salir de paseo. Ama quiere salir a pasear.

Me ducho cuando se muere mi ama.

6

Luz apagada: densidad de bosque dentro del salón. Muebles dormidos en sombras quietas, minutos lentos sedimentan el día. Silencio. Crujido de árbol en la madera. Al fondo del salón, un lecho de hojas blancas: mi madre atrapada en la noche.

Es palma y luego puño y otra vez palma. Pudiera ser la izquierda. Abre y cierra los dedos mientras la derecha se alza y cae, se alza y cae, levita como hoja de viento. Las manos quedan cuando los pies no dan pasos.

Imagino la buganvilla seca.
Hojas llenas de grietas marchitas,
luz que atardece
sobre el craquelado vegetal.

Imagino su piel
rosácea, áspera, traslúcida,
donde bailan destellos de media tarde.

Imagino un viento cálido
levantar crujidos de un lugar quieto
y agitar un olor dulce,
evaporarlo.

Manos, pijamas y bailes. Madre y ballet. Mujer y baile. Espejo de niebla, donde la mano traspasa y la carne comete un ciclo en otro cuerpo. Bailes de manos y pijamas. El primer paso, el abismo.

Quisiera romperla, llenarla de ruido: la noche y su oscuridad.
No estrellar cuencos contra el suelo, más bien ruido de rasgar papeles. Largos y cada vez más cortos, secantes. Rasguños en los tímpanos. Agarrar los trozos como quien coge entre los dedos un puñado de sal. Removerlos unos con otros. Puños de confeti blanco, afilado y suave. Ruidos de confeti blanco en la oscuridad.

Late, se mueve, se descompone. Piensa adentro, da pasos adentro, se repliega a dormir en las esquinas de sus adentros.
Observa caer todas sus pieles, incluso la del pijama:
hija, hermana, madre, mujer.

Madre que se mete en el vientre.
En el suyo, en el mío.
Vientre de penumbra,
cara oscura sobre la cama
al fondo del salón.

El hígado y el cerebro
ya la misma cosa.
Mi madre un feto que se despide
de sabores y sonidos.

Se olvida del lenguaje al murmurarlo.
Se hace pequeña hasta la primera respiración.
Invisible en mi vientre.

Cuencos de aire son macetas vacías. Barro seco y desnudo, exilio de las flores. Mis manos que de niña bailan, mis dedos que olvidan la música, mis uñas manchadas de tierra. Acerco la cara, aspiro hondo la oscuridad. Acaricio el hueco donde vive mi raíz.

Más blanca que el sirimiri,
la luz del patio borra el fractal.

El rosa disuelto en la piel.
Borrada la forma dentro de la forma dentro de la forma.
Hoja seca de la buganvilla, sin pigmento.

Ladrillos tardíos se hacen añicos contra el asfalto.
El muro se derrumba lento en mis pupilas.

Seis años tarda mi madre en irse,
lo que tardo en comprender la ausencia de mi padre:
el tiempo en que se borra el fractal.
Seca la buganvilla, veo el muro derrumbado.

Toallas que raspan,
baños atascados,
especias caducas,
pijamas hechos trapos para el polvo,
puertas carcomidas,
calderas sin luz,
llaves inservibles,
papeles amarillos,
licores que nadie bebe.
Botones de blusas y chaquetas
dentro de una
caja metálica,
manteles con manchas remotas,
mangueras cubiertas de moho.
Las alfombras se apolillan dentro de los armarios
y un autorretrato de mi padre
se deshace en
la humedad
de un trastero.

Sobre la mampara escribo mi nombre.

7

Me gustaría dormir en medio de la escalera. Me siento sobre el mármol beige y me agarro a los arcos de metal bajo la barandilla. No es la primera vez que espío desde la altura o que inspecciono el polvo sobre el mueble negro de las copas. Sí la primera que lo hago sin riesgo a que nadie me diga: «¿Qué haces ahí en medio?».

Cada uno tiene su tempo en la escalera. Ama baja ansiosa, entre carraspeos, en busca del primer cigarro del día. Aita da el interruptor y sube despacio a ponerse el pijama después de trabajar. Cada día imito su prisa o su calma. Hoy, la primera vez sola, descubro mi verdadero tempo. Lo mío es sentarme en el medio, a observar.

Desde la escalera no se ve la lluvia ni las montañas, es un mirador hacia dentro. Sentada en medio veo el salón y la puerta del despacho, dos cortinas que dan a la terraza y un fractal sobre el sofá. Si apoyo la espalda en la pared y miro hacia la derecha, veo el baño de arriba y, al lado, la puerta de mi habitación. En la escalera, dos ventanas dan al patio: una da luz al primer escalón y la otra al último. Un pájaro que vuele fuera no podría verme. Solo yo sé dónde estoy. Aquí sola, contemplo.

Sin su ajetreo, la casa me mira mientras el atardecer se fractura en dos y los muebles se tiñen de naranja. Tras un blanco pálido final, los deja en sombras. No doy la luz; quiero quedarme justo en el medio.

Me gustaría dormir en medio de la escalera. Taparme con el suelo y el techo. Con las habitaciones de abajo y de arriba. Dejarme arropar por la casa, que me mira y posa su pared de yeso en mis hombros, el mármol frío en mis pies. Acostarme en la luz de su noche y despertar en su día en sombra. Escucho el sonido del ascensor. Aita y ama suben de tomar potes.

Escribo mi nombre sobre la mampara.

8

Infancia es un toque de verde, de malva, de blanco. Pared rugosa y mullida que me contiene. Mis libros y mis juguetes se pegan a sus colores esponjosos. Dormitan en mi almohada burbujas de pintura. Infancia es una habitación verde en el torreón de casa.

Vivo en la habitación verde. Reina de manos pequeñas y pies fríos, reina de lunares en los brazos. Tengo una lengua propia, un techo lleno de estrellas y un globo aerostático de papel. Tengo quien me cuida y a quien cuidar. Cinco letras de payaso fijas en una estantería y la etiqueta del pijama hacia fuera. Escribo mi nombre al revés.

Aita y ama roncan al otro lado del pasillo.
Yo cuento estrellas, fluorescencias,
mi cama el globo que vuela en la oscuridad.

Aita y ama roncan más allá de mi puerta.
Travesía de manos pequeñas,
pies fríos y lunares en los brazos.

Aita y ama roncan en su habitación.
Yo cuento estrellas, fluorescencias.

Aita y ama roncan y cierro los ojos.
A veces tengo miedo de morir.

Despierto a la muñeca desnuda, peino al pollito sucio de terciopelo, coloco al koala de peluche en la cesta del globo. De través en la cama con las piernas en la pared verde, veo la alfombra en el techo y un suelo de estrellas apagadas. Organizo la casa de los playmobil, de los clics. Pinto cuadros. Miro la lluvia desde mi torreón.

Nunca pongo la escalera. La casa de los clics tiene polvo en los rincones y los muebles cambiados de sitio. Arriba, en la segunda planta, pinta una niña en un caballete. Aita es un playmobil con barba gris y zapatillas. Lo siento en un sillón a leer el periódico. Hay dos mujeres con el mismo pelo, el mismo vestido, la misma cara. Le quito a ama el delantal, le pongo un pañuelo elegante para salir de paseo.

Aita y ama gritan mi nombre desde la escalera y se alargan mis dedos. Me crece la espalda cuando me llaman para comer. Las letras de payaso sonríen en la estantería. Cada vez que dicen mi nombre, se separan los lunares de mis brazos.

Vivo. Una palabra a solas, repetida. Verbo sin sujeto, en voz alta. «Vivo, vivo, vivo, vivo, vivo, vivo, vivo, vivo», hasta que deja de significar. «Vivo, vivo, vivo, vivo, vivo, vivo, vivo», hasta que se me mete dentro del cuerpo. Miro mis manos y las descubro por primera vez.

Manos pequeñas, pies fríos, los mismos lunares en los brazos.

Torreón y lluvia, manchas verdes sin habitación.

Mis dedos no se alargan, mi espalda cesa de crecer.

Aita y ama no me llaman desde la escalera.

Un cuadro de niña sin terminar en su caballete.

Aita no lee el periódico, ama no sale de paseo.

Dejo de soñar con travesías, dejo de dormir sin estrellas.

Aita y ama no roncan al otro lado del pasillo.

Murió la muñeca desnuda, el pollito sucio, el koala de peluche.

No tengo quién me cuide ni a quién cuidar.

Manchas verdes en un libro intruso, una sábana antigua.

Continente. Contenido. Infancia.

Escribo mi nombre.

9

De pequeña me acerco al agua; no conozco la pena. Lleno la bañera hasta arriba y me meto dentro, curiosa por las deformidades. El agua acorta mis manos y arruga mis dedos, me enrojece la piel y fractura el rayo de luz que siguen mis ojos de niña. De pequeña me cubro con un albornoz.
Agachada, me abrazo a las rodillas sin secarme. Poso la humedad de la tripa contra la de los muslos. Me convierto en piedra, caliente y protegida bajo el albornoz. El agua no me afecta, pienso; la pena no me cala. La piedra presiente: cuando muevo el cuerpo tengo los huesos helados.

Agua fría.
No la veo ni la oigo ni la toco.
Desconozco el gesto de aita,
su minuto en la noche.
Fría luz,
fría pared,
fría sábana.

Agua caliente.
Me quema por dentro la piel.
La mano de ama sobre mi mano,
su respiración ronca en mi oído,
su minuto,
nuestro minuto
en la penumbra del salón.

No necesito jabón ni esponja. El agua limpia mi rostro al acercarlo. Me limpia el dolor de estómago de aita, el dolor de huesos de ama. Tufo a desinfectante y toallitas jabonosas, sudor en la almohada y miedo a no despertar. El agua me limpia la vista, el oído, el olfato; también mi nombre.

¿Quién soy?

10

En las paredes,
sobre la colcha,
dentro del armario
pegadas a un resquicio de olor.

Revolotean mis padres, como polillas.

Aplasto una,
cera marrón en los dedos.
Aplasto una
y nace otra.

Vuelan mientras duermo
de los agujeros de la ducha.
Mientras duermo en su cama.

Rozo las puertas de la buganvilla, los tiradores del armario. Adentro edades de mi madre. Pliego en cuatro el vestido, la falda, el chal, el maillot de ballet. Pliego en cuatro el olor de las flores.

Toco los muros.

Froto palmas abiertas
contra el ruido de desconchones.

Subo y bajo las manos sin despegarme.

Hundo dedos en huecos, les clavo las uñas.

Pego los brazos, las piernas,
la espalda
y el torso.

Toco los muros hasta llenarme la cara de blanco.

No tienen ojos ni oídos ni tacto.
Su piel es de cera, su hueso,
su sangre. Sangre apolillada.

Ni ven ni oyen ni tocan.
En la oscuridad
mis padres buscan
el aroma de las flores,
el blanco de las paredes.

Minutos de sueño: tirante del camisón.
Caída del hombro desnudo, la sangre, la piel.

Horas de sueño:
mi hombro dormido,
mi seno, mi vientre,
mi cadera, la de mi madre.
Suave y turquesa la curva del tiempo.

Años de sueño:
cara oculta de la seda.
Espalda hueca donde
duermen las polillas.

Un chasquido. Mis manos cruzadas bajo las sábanas. Mi pelo se acorta, mi frente se ensancha y mi respiración toma la fuerza de uno de sus ronquidos: mi padre dentro del cuerpo. En medio de un sueño me tocan el hombro. Despierto a mi mano derecha, presa entre las rodillas. Mano dormida, no la siento al tocar. Inocente, no aprieta ni araña. Polilla. Chasquido.

Sábanas de yeso enmohecido.
Mi aliento se hace niebla en los pulmones.
Duermo en una mancha de humedad.

¿Todavía soy?

11

Descalza en la cocina miro el patio sin luces. Tuberías y chimeneas, barandillas oxidadas en torno al tejado, cables eléctricos que pasan debajo de las ventanas. Fachada interior, con bordes ennegrecidos.

El cielo nocturno y nublado. Sobre la cuerda de tender, vacía y floja, no sopla ni un gramo de viento. El tic tac seco de la casa a oscuras y el silencio del ascensor a horas en las que no sube nadie.

El patio, esta noche, este cielo. Esta casa, que soy yo; aita y ama, que soy yo; esta historia, que es la mía.

El camino extraño que elijo me lleva a una cueva llena de escombros. El proceso no acaba; renace y renace, bajo el tic tac. La palabra duda; incompleta, imprecisa. Mi respiración en el agujero. Formas inexactas de expresar lo que no puedo contar. Mis manos reventadas por las piedras.

El patio, esta noche, este cielo. Tic tac de luz. Con la punta de los dedos toco el dolor escondido. Un rescoldo en lo oscuro, la paz.

Descalza avanzo por la casa. Reconozco la baldosa bajo mis pies, la alfombra del salón y el crujido de la madera. Escalones y más crujidos hasta el cuarto de mis padres. Me meto en su cama, me rodeo del tacto frío de sus sábanas, del aroma desaparecido de sus sueños.

Por el desagüe se va la yo que conozco.

Sobre la autora

Lucía Emmanuel (Bilbao, 1985) es licenciada en Física, especializada en cultura científica. En 2014 comienza su formación literaria en la Escuela de Escritores, donde realiza el Máster de Narrativa y cursos de poesía.

En 2018 cursa el II Teachers Training Course de la European Association of Creative Writing Programmes. Ha colaborado en antologías y revistas especializadas, como *La Rompedora*, *La Gran Belleza* o la *International Poetry Review* de la Universidad de Carolina del Norte. Ha participado en eventos poéticos como Voces del Extremo o el Festival de Guayaquil Ileana Espinel. En la actualidad forma parte del equipo de la Escuela de Escritores, donde también trabaja como profesora.

Muro con buganvilla fue publicado por primera vez en 2021 por la editorial Amargord.

Mayo 2024
Impreso en Buenos Aires,
Buenos Aires Poetry
www.editorialbuenosairespoetry.com

www.ingramcontent.com/pod-product-compliance
Lightning Source LLC
LaVergne TN
LVHW041119150826
845673LV00007B/2117

* 9 7 8 9 8 7 8 4 7 0 7 8 8 *